Impressum
Verlag: BABADADA GmbH, Nedderfeld 112 , 22529 Hamburg
Geschäftsführer / Verlagsleitung: Harald Hof
Druck: Books on Demand GmbH, In de Tarpen 42, 22848 Norderstedt

Imprint
Publisher: BABADADA GmbH, Nedderfeld 112 , 22529 Hamburg, Germany
Managing Director / Publishing direction: Harald Hof
Print: Books on Demand GmbH, In de Tarpen 42, 22848 Norderstedt, Germany

sekolah

de School

bilik darjah
de Klassenstuuv

bahagi
delen

186/2

papan
de Tafel

laman/taman sekolah
de Schoolhoff

guru
de Schoolmeester

kertas
dat Papeer

tulis
schrieven

pen
de Sticken

meja
de Schrievdisch

pembaris
dat Lienholt

buku
dat Book

murid
de Schöler

beg galas
de Ranzel

kotak pensel
de Feddermapp

pensel
de Bleesticken

pengasah pensel
de Scharpmaker

pemadam
dat Radeergummi

kertas lukisan
de Tekenblock

melukis

de Teken

berus lukis

de Pinsel

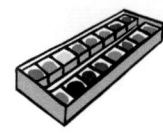

kotak warna

de Malkassen

gunting

de Scheer

gam

de Klever

buku latihan

dat Heft to'n Öven

kerja rumah

de Huusopgaav

12

nombor

de Tall

2+2

tambah

tohooptellen

5-2

tolak

aftrecken

2×2

darab

malnehmen

kira

reken

A

huruf

de Bookstaav

**ABCDEFG
HIJKLMN
OPQRSTU
VWXYZ**

abjad

dat ABC

kata

dat Woort

teks

de Text

baca

lesen

kapur

de Kried

pelajaran

de Stunn

daftar

dat Klassenbook

peperiksaan

de Pröven

sijil

dat Tüügnis

uniform sekolah

de Schooluniform

pendidikan

de Utbillen

ensiklopedia

dat Nakieksel

universiti

de Universität

mikroskop

dat Mikroskop

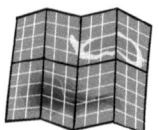

peta

de Koort

bakul sampah

de Papeerkorf

berjalan
de Törn

hotel
dat Hotel
Grand
asrama
de Harbarg
ROOMS
pejabat tukaran mata wang
de Wesselstuuv
beg pakaian
de Kuffer
kereta
dat Auto

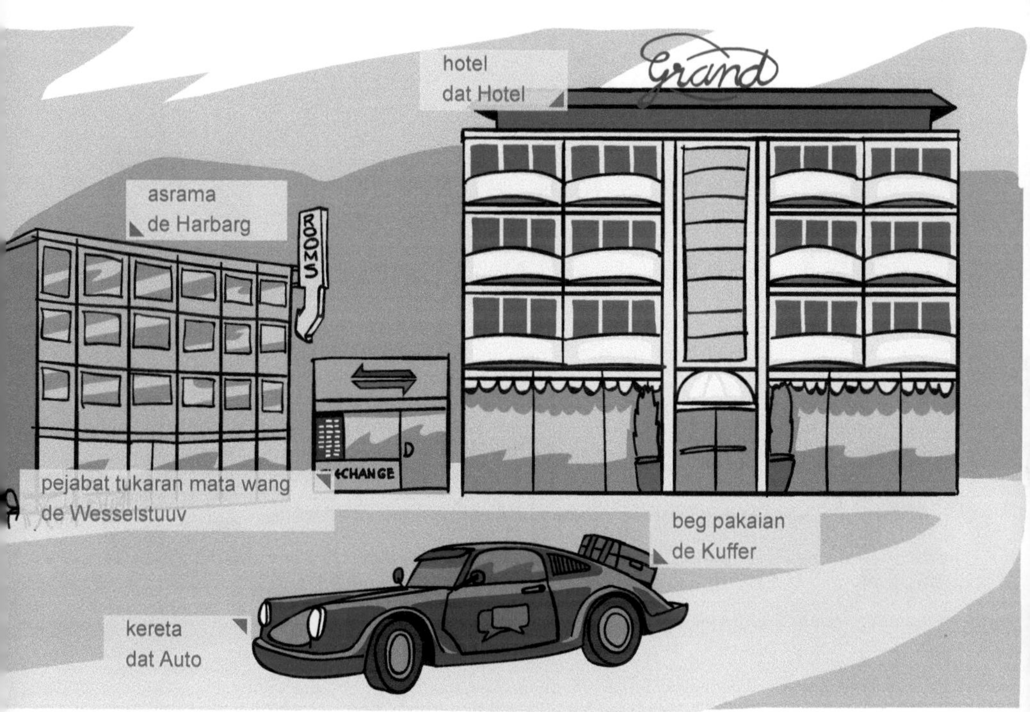

bahasa
de Spraak

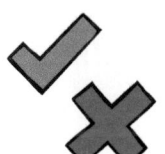

ya / tidak
jo / ne

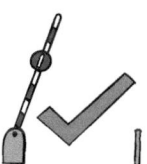

okey
Jo

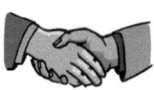

helo
Moin

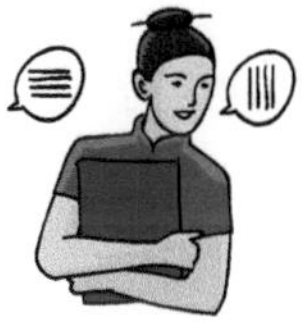

penterjemah
de Översetter

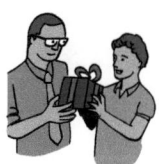

Terima kasih
Dank ok

berapa banyak...?

Wat kost...?

saya tidak faham

Ik verstah nich

masalah

dat Problem

Selamat petang!

Goden Avend

Selamat Pagi!

Moin!

Selamat Malam!

Gode Nacht!

selamat tinggal

Tschüüs

arah

do Rioht

bagasi

de Bagaasch

beg

de Tasch

beg galas

de Rüchsack

tetamu

de Gast

bilik tidur

de Stuuv

beg tidur

de Slaapsack

khemah

dat Telt

maklumat pelancong
de Touristeninformatschoon

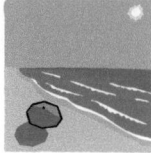

pantai
de Strand

kad kredit
de Kreditkoort

sarapan
dat Fröhstück

makan tengah hari
dat Meddageten

makan malam
dat Avendeten

tiket
de Fohrkort

lif
de Fohrstohl

setem
de Breefmark

sempadan
de Grenz

kastam
de Toll

kedutaan
de Bottschop

visa
dat Visum

pasport
de Pass

pengangkutan
de Transport

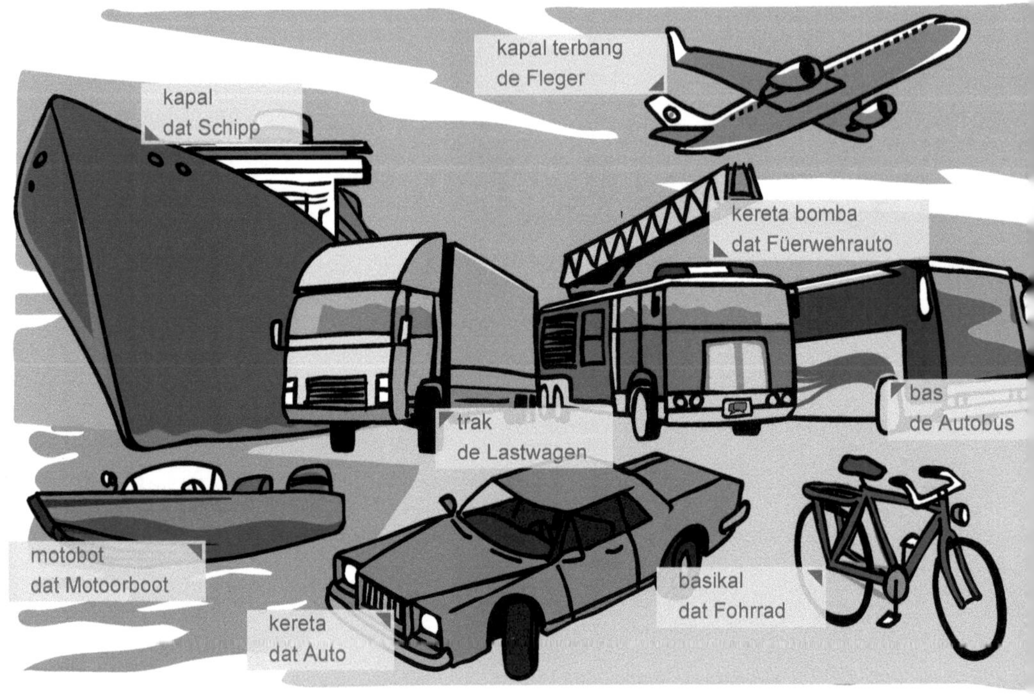
kapal terbang
de Fleger
kapal
dat Schipp
kereta bomba
dat Füerwehrauto
bas
de Autobus
trak
de Lastwagen
motobot
dat Motoorboot
basikal
dat Fohrrad
kereta
dat Auto

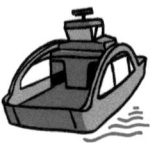

feri

de Fähr

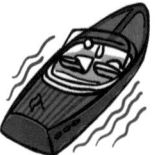

bot

dat Boot

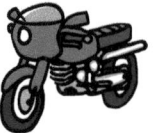

motosikal

dat Motoorrad

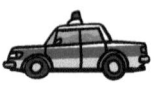

kereta polis

dat Polizeiauto

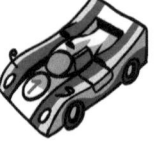

kereta lumba

dat Rönnauto

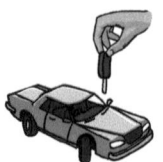

kereta sewa

de Lehnwagen

berkongsi kereta

dat Carsharing

trak tunda

de Afsleepwagen

trak menolak

dat Müllauto

motor

de Motoor

bahan api

de Kraftstoff

stesen minyak

de Tanksteed

tanda trafik

dat Verkehrsschild

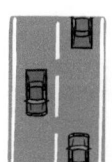

trafik

de Verkehr

kesesakan lalu lintas

de Stau

tempat parkir

de Afstellplatz

stesen kereta api

de Bahnhoff

trek

de Sporen

kereta api

de Tog

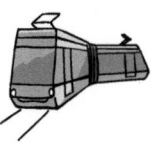

trem

de Stratenbahn

gerabak

de Wagon

helikopter

de Dwarsmöhl

lapangan terbang

de Flooghaven

Menara

de Tower

penumpang

de Fohrgast

bekas

de Grootkist

kadbod

de Karton

kart

de Koor

bakul

de Korf

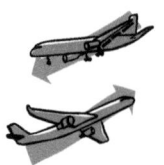

berlepas / mendarat

starten / lannen

bandar
de Stadt

kampung

dat Dörp

pusat bandar

de Binnenstadt

rumah

dat Huus

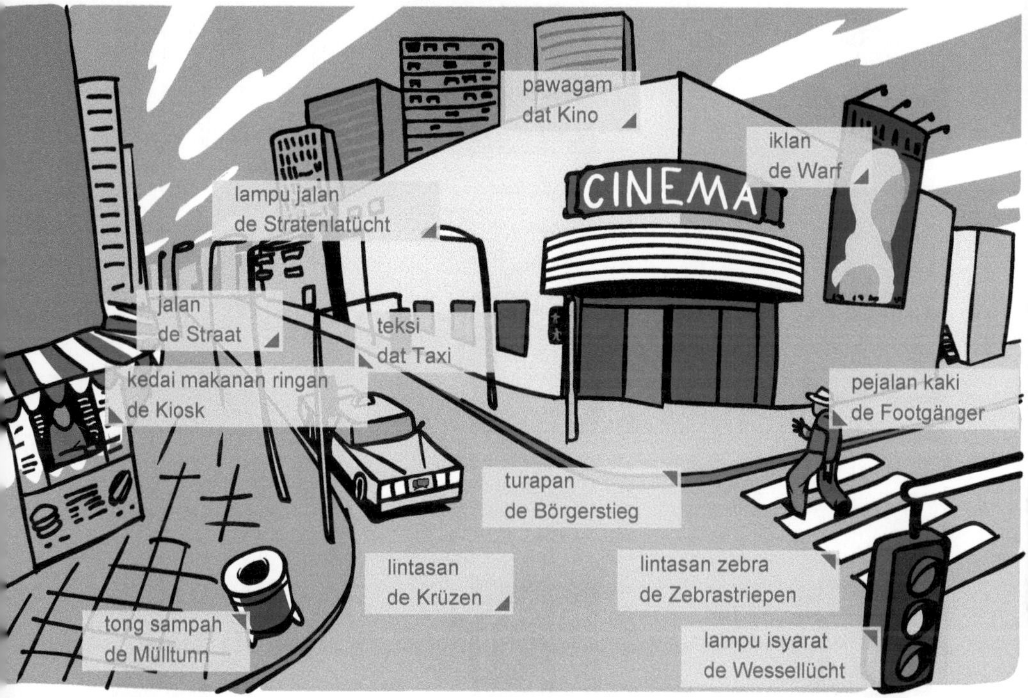

pawagam
dat Kino

iklan
de Warf

lampu jalan
de Stratenlatücht

CINEMA

jalan
de Straat

teksi
dat Taxi

kedai makanan ringan
de Kiosk

pejalan kaki
de Footgänger

turapan
de Börgerstieg

lintasan
de Krüzen

lintasan zebra
de Zebrastriepen

tong sampah
de Mülltunn

lampu isyarat
de Wessellücht

pondok
....
de Hütt

flat
....
de Wahnung

stesen kereta api
....
de Bahnhoff

dewan bandar
....
dat Raathuus

muzium
....
dat Museum

sekolah
....
de School

universiti

de Universität

bank

de Bank

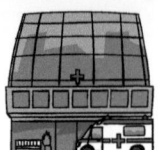

hospital

dat Krankenhuus

hotel

dat Hotel

farmasi

de Afteek

pejabat

dat Büro

kedai buku

de Bookhökerie

kedai

de Hökerie

kedai bunga

de Blomenhökerie

pasar raya

de Supermarkt

pasaran

de Markt

gedung

dat Koophuus

penjual ikan

de Fischhökerie

pusat membeli-belah

dat Inkoopszentrum

pelabuhan

de Haven

taman

de Parkanlaag

bangku

de Bank

jambatan

de Brüch

tangga

de Trepp

bawah tanah

de Ünnergrundbahn

terowong

de Tunnel

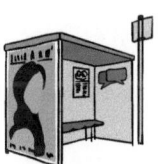

hentian bas

de Busstoppsteed

bar

de Bar

restoran

dat Spieslokal

peti surat

de Breefkassen

papan tanda jalan

dat Stratenschild

meter parkir

de Parkklock

zoo

de Deertenpark

kolam renang

de Baadanstalt

masjid

de Moschee

ladang

de Buernhoff

pencemaran

de Ümweltversmudden

tanah perkuburan

de Karkhoff

gereja

de Kark

taman permainan

de Speelplatz

kuil

de Tempel

landskap

de Landschop

daun
dat Blatt

tiang tanda
de Wiespahl

jalan
de Weg

padang rumput
de Wisch

batu
de Steen

pokok
de Boom

pejalan kaki
de Wannerer

sungai
de Fluss

rumput
dat Gras

bunga
de Bloom

lembah

dat Daal

bukit

de Barg

tasik

de See

hutan

dat Holt

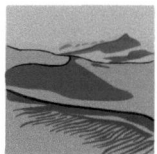
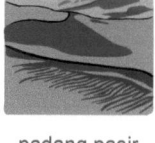

padang pasir

de Wööst

gunung berapi

de Füerspien Barg

istana

dat Slott

pelangi

de Regenbagen

cendawan

de Poggenstohl

pokok kelapa sawit

de Palm

nyamuk

de Steekmück

terbang

de Fleeg

semut

de Miegeemk

lebah

de Imm

labah-labah

de Spinn

kumbang

de Sebber

katak

de Pogg

tupai

de Katteker

landak

de Swienegel

arnab

de Haas

burung hantu

de Uul

burung

de Vagel

angsa

de Swaan

babi jantan

dat Wildswien

rusa

de Hirsch

moose

de Elk

empangan

de Staudamm

turbin angin

dat Windrad

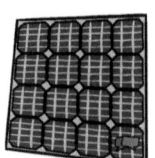

panel solar

dat Solarmodul

iklim

dat Klima

restoran
dat Spieslokal

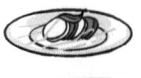

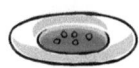

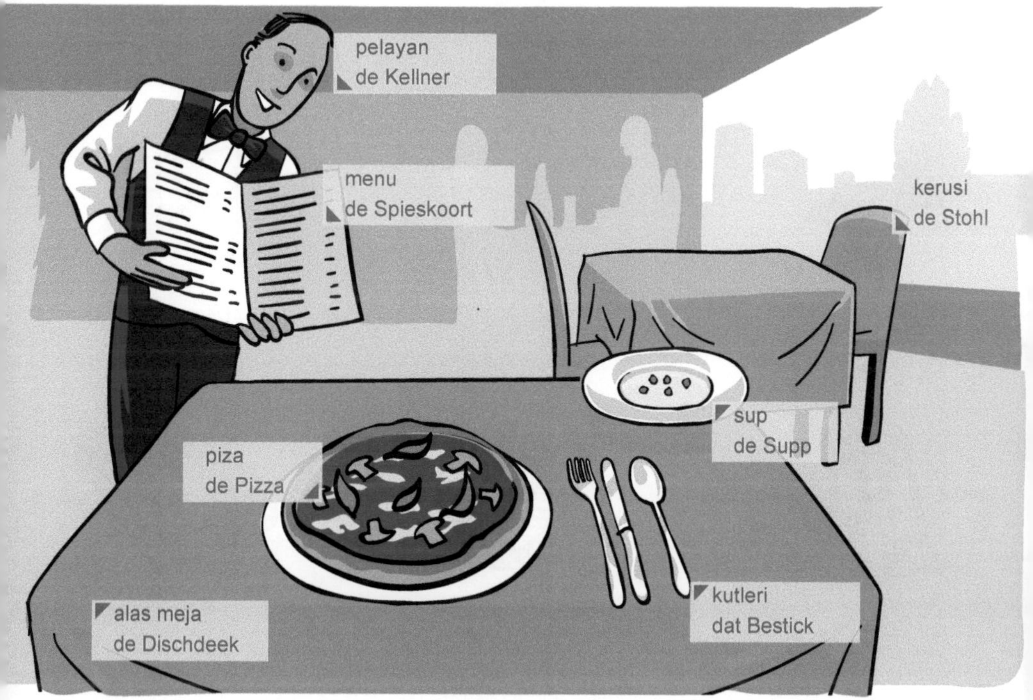
pelayan
de Kellner
menu
de Spieskoort
kerusi
de Stohl
sup
de Supp
piza
de Pizza
alas meja
de Dischdeek
kutleri
dat Bestick

pemula

de Vörspies

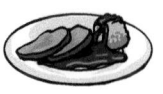

hidangan utama

dat Haupteten

pencuci mulut

de Nadisch

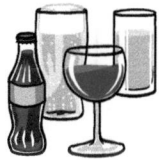

minuman

de Drünk

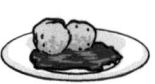

makanan

dat Eten

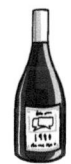

botol

de Buddel

makanan segera

dat Fastfood

makanan jalanan

dat Strateneten

teko

de Teekann

mangkuk gula

de Zuckerdoos

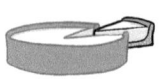

bahagian

de Portschoon

mesin espreso

de Espressomaschien

kerusi tinggi

de Hoochstohl

bil

de Reken

dulang

dat Tablett

pisau

dat Mess

garfu

de Gavel

sudu

de Lepel

sudu teh

de Teelepel

serviette

dat Munddook

gelas

dat Glas

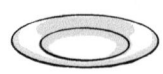

pinggan

de Töller

mangkuk sup

de Suppentöller

piring

de Ünnertass

sos

de Sooß

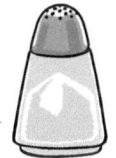

tempat garam

de Soltstreuer

pengisar lada

de Pepermöhl

cuka

de Etig

minyak

dat Ööl

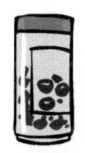

rempah

de Krüder

sos

de Ketchup

mustard

de Mostrich

mayones

de Mayonnaise

pasar raya
de Supermarkt

tawaran istimewa
dat Anbott
FOR
pelanggan
de Kunn
tenusu
de Melkprodukten
buah-buahan
dat Aaft
troli
de Inkoopswagen

BUTCHERS

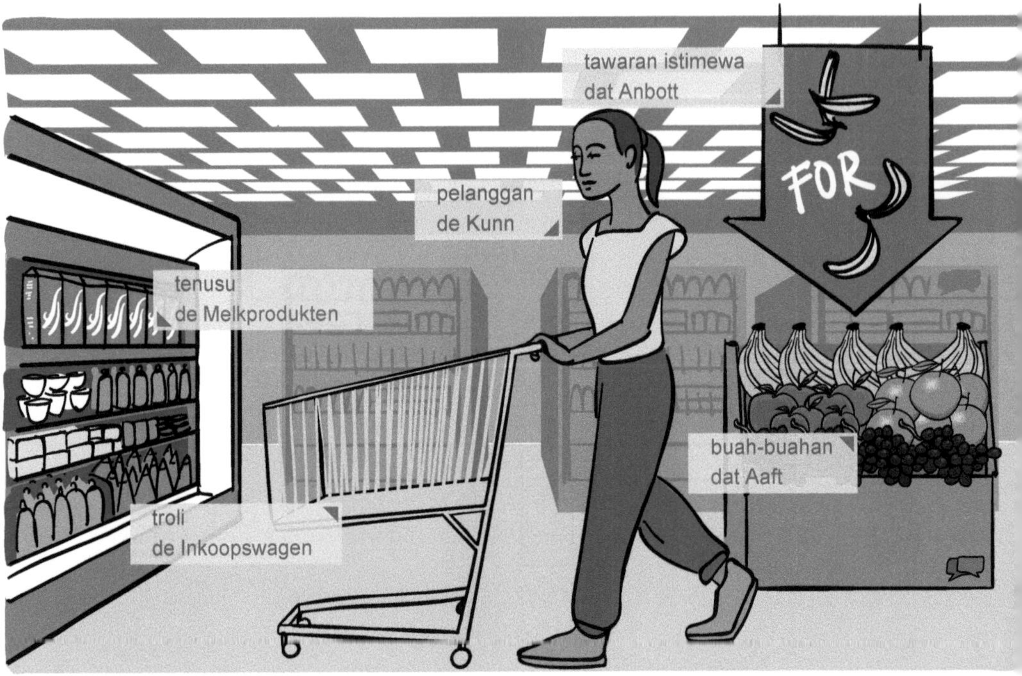

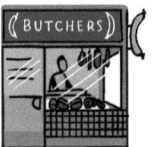

tukang daging

de Slachterie

BAKERY

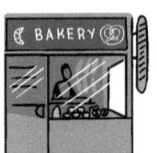

kedai roti

de Bäckerie

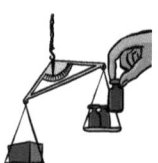

berat

wegen

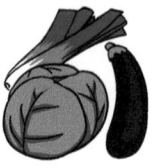

sayur-sayuran

de Gröönsaken

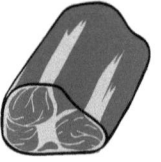

daging

dat Fleesch

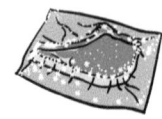

makanan sejuk beku

de Deepköhlkost

daging sejuk

de Opsnitt

makanan dalam tin

de Konserven

serbuk pencuci

de Waschmiddel

gula-gula

de Snoopkraam

produk isi rumah

de Huushooltssaken

produk pembersihan

de Reinmaaktüüch

orang jualan

de Verköpersche

daftar tunai

de Kass

juruwang

de Kasserer

senarai membeli-belah

de Inkoopslist

waktu pembukaan

de Opsparrtieden

beg duit

de Breeftasch

kad kredit

de Kreditkoort

beg

de Tasch

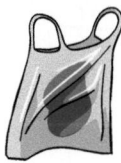

beg plastik

de Plastiktüüt

air

dat Water

jus

de Saft

susu

de Melk

kola

de Cola

wain

de Wien

bir

dat Beer

alkohol

de Spriet

koko

de Kakao

the

de Tee

kopi

de Koffie

espreso

de Espresso

kapucino

de Cappucino

pisang

de Banaan

epal

de Appel

oren

de Appelsien

tembikai

de Meloon

lemon

de Zitroon

lobak merah

de Wöttel

bawang putih

de Knuuvlook

buluh

de Bambus

bawang

de Zibbel

cendawan

de Poggenstohl

kacang

de Nööt

mi

de Nudeln

spageti
de Spaghetti

nasi
de Ries

salad
de Salat

kerepek
de Pommes frites

kentang goreng
de Braadkantüffeln

piza
de Pizza

hamburger
de Hamburger

sandwic
dat Sandwich

kutlet
dat Snitzel

ham
de Schinken

salami
de Salami

sosej
de Wust

ayam
dat Hohn

panggang
de Braden

ikan
de Fisch

bubur oat

de Haverflocken

muesli

dat Müsli

emping jagung

de Cornflakes

tepung

dat Mehl

kroisan

de Croissant

roti roll

dat Rundstück

roti

dat Broot

roti bakar

dat Toast

biskut

de Keksen

mentega

de Botter

dadih

de Quark

kek

de Koken

telur

dat Ei

telur goreng

dat Spegelei

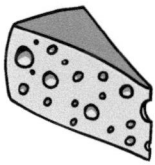

keju

de Kees

ais krim

de Ies

gula

de Zucker

madu

de Honnig

jem

de Marmelaad

krim nougat

de Nougat-Creme

kari

dat Curry

ladang
de Buernhoff

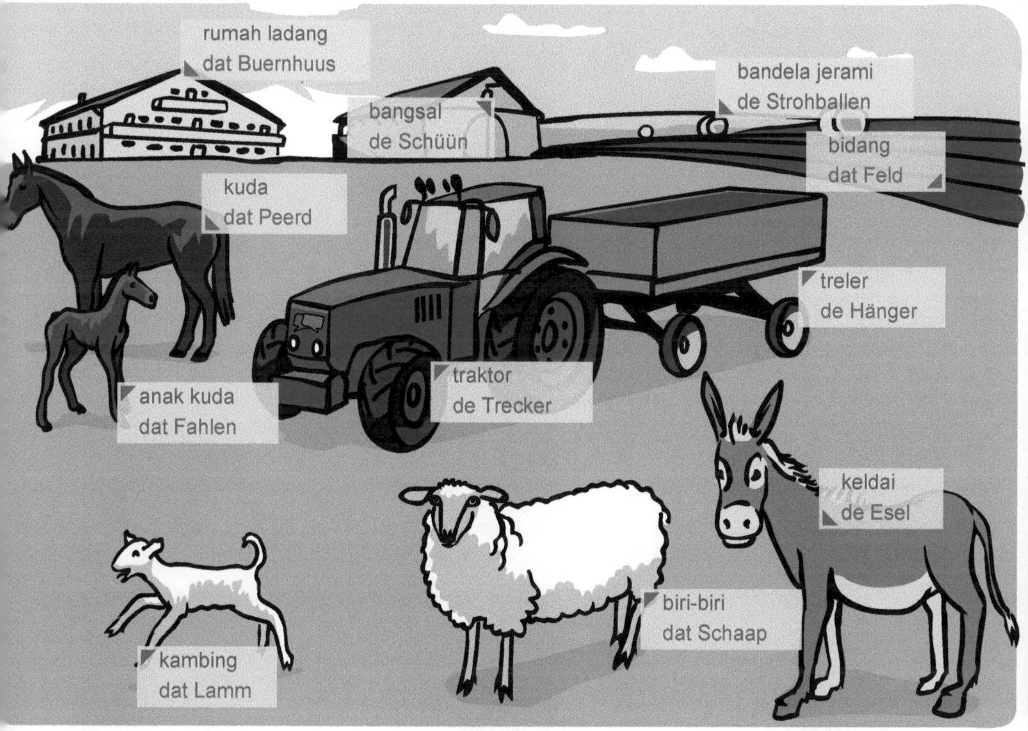

rumah ladang
dat Buernhuus
bangsal
de Schüün
bandela jerami
de Strohballen
bidang
dat Feld
kuda
dat Peerd
treler
de Hänger
traktor
de Trecker
anak kuda
dat Fahlen
keldai
de Esel
biri-biri
dat Schaap
kambing
dat Lamm

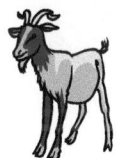

kambing

de Zeeg

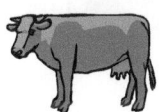

lembu

de Koh

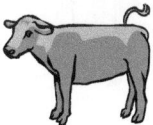

anak lembu

dat Kalf

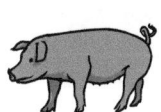

babi

dat Swien

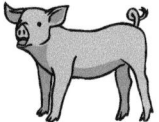

anak babi

dat Farken

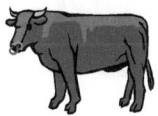

lembu

de Bull

angsa

de Goos

itik

de Aant

anak ayam

dat Küken

ayam betina

dat Hohn

ayam jantan muda

de Hahn

tikus

de Rott

kucing

de Katt

tikus

de Muus

lembu jantan

de Oss

anjing

de Hund

rumah anjing

de Hunnenhütt

hos taman

de Goornslauch

bekas siraman

de Geetkann

sabit

de Lee

bajak

de Ploog

sabit

de Sich

cangkul

de Hack

serampang peladang

de Mestfork

kapak

de Ext

kereta sorong

de Schuufkoor

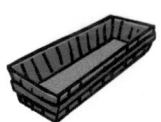

palung

de Trog

tin susu

de Melkkann

karung

de Sack

pagar

de Tuun

stabil

de Stall

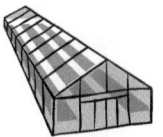

rumah hijau

dat Drievhuus

tanah

de Bodden

benih

de Saat

baja

de Dünger

jentuai

de Meihdöscher

tuai
....
oornen

menuai
....
de Oorn

keladi
....
de Yamswöttel

gandum
....
de Weten

soya
....
dat Soja

kentang
....
de Kantüffel

jagung
....
de Törksche Weten

biji sawi
....
de Rapp

pokok buah-buahan
....
do Aaftboom

ubi kayu
....
de Troopsch Kantüffel

bijirin
....
dat Koorn

rumah
dat Huus

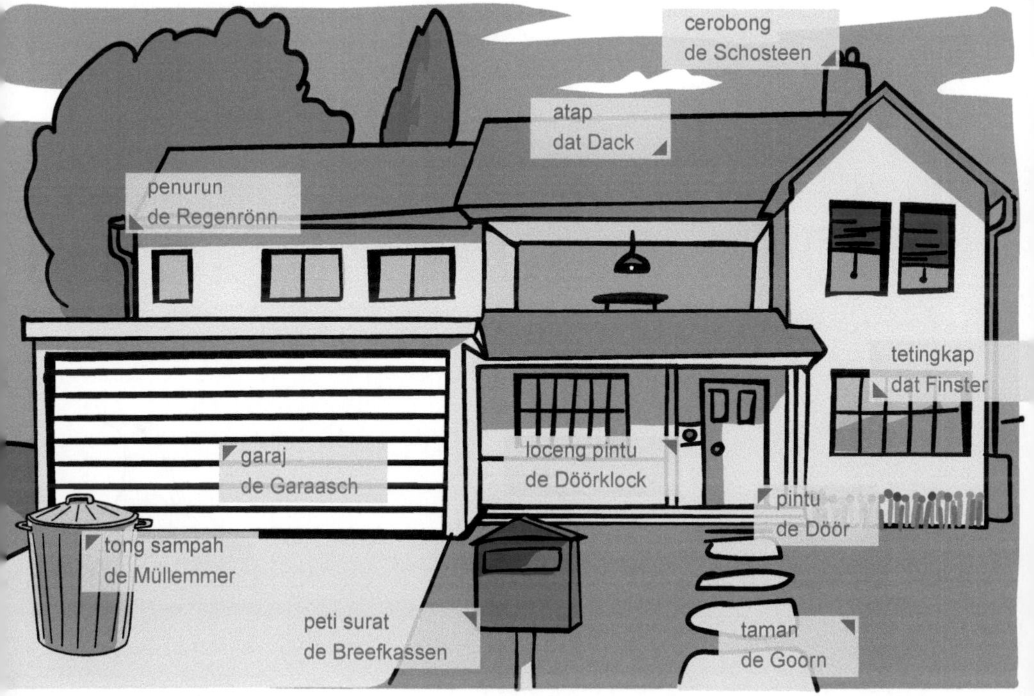
cerobong
de Schosteen
atap
dat Dack
penurun
de Regenrönn
tetingkap
dat Finster
garaj
de Garaasch
loceng pintu
de Döörklock
pintu
de Döör
tong sampah
de Müllemmer
peti surat
de Breefkassen
taman
de Goorn

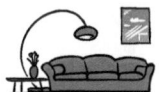

ruang tamu
de Wahnstuuv

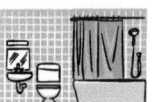

bilik air
de Baadstuuv

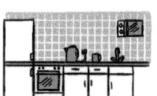

dapur
de Köök

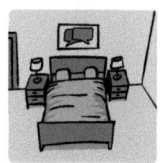

bilik tidur
de Slaapstuuv

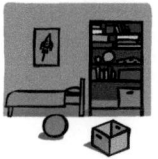

bilik kanak-kanak
de Kinnerstuuv

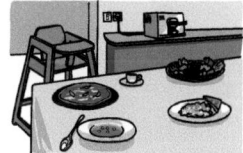

ruang makan
de Eetstuuv

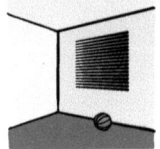

lantai

de Footbodden

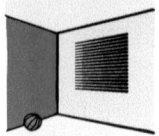

dinding

de Wand

siling

de Deek

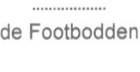

bilik bawah tanah

de Keller

sauna

dat Hittluftbad

balkoni

de Balkon

teres

de Terrass

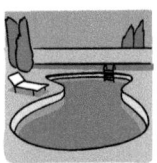

kolam renang

dat Swümmbad

pemotong rumput

de Roosnmoihor

lembaran

de Bettbetog

penutup tilam

de Bettdeek

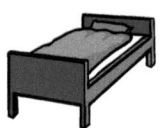

katil

de Puuch

penyapu

de Bessen

timba

de Emmer

suis

de Schalter

ruang tamu
de Wahnstuuv

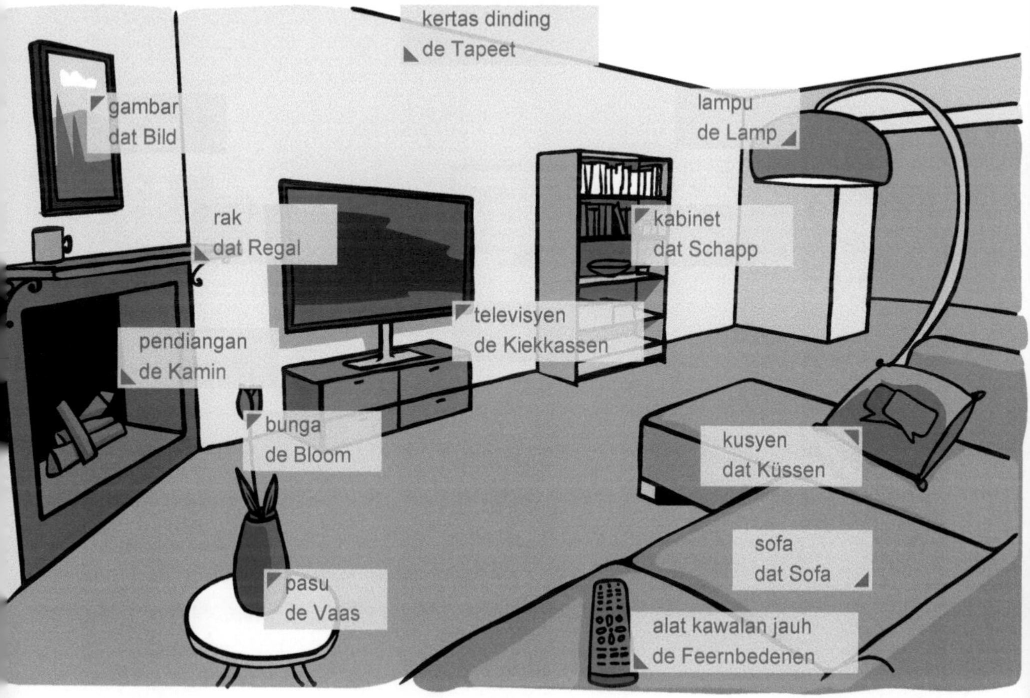
kertas dinding
de Tapeet
gambar
dat Bild
lampu
de Lamp
rak
dat Regal
kabinet
dat Schapp
televisyen
de Kiekkassen
pendiangan
de Kamin
bunga
de Bloom
kusyen
dat Küssen
sofa
dat Sofa
pasu
de Vaas
alat kawalan jauh
de Feernbedenen

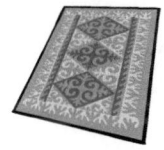

permaidani
de Teppich

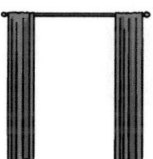

tirai
de Vörhang

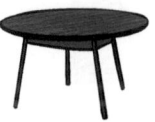

meja
de Disch

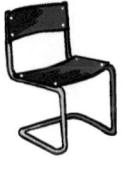

kerusi
de Stohl

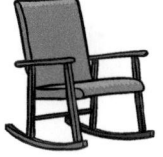

kerusi malas
de Schuckelstohl

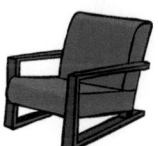

kerusi
de Sessel

buku

dat Book

selimut

de Deek

hiasan

de Dekoratschoon

kayu api

dat Füerholt

filem

de Film

hi-fi

de Stereoanlaag

kunci

de Slötel

akhbar

dat Narichtenblatt

lukisan

dat Gomälde

poster

dat Poster

radio

dat Radio

buku catatan

de Opschrievblock

penyedut habuk

de Huulbessen

kaktus

de Kaktus

lilin

de Kars

dapur
de Köök

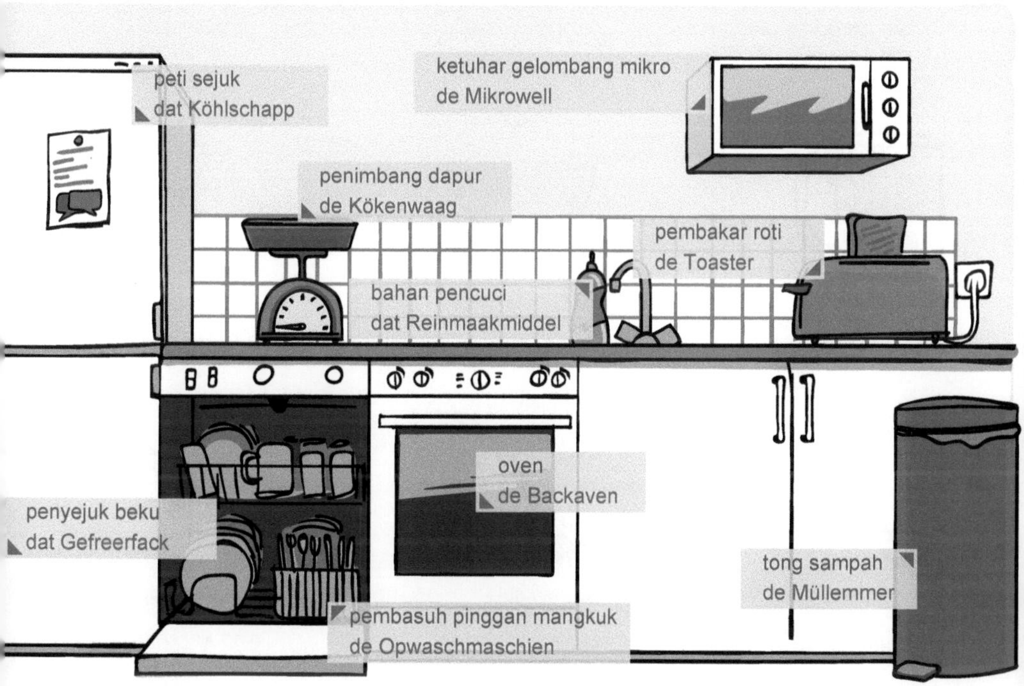
peti sejuk
dat Köhlschapp
ketuhar gelombang mikro
de Mikrowell
penimbang dapur
de Kökenwaag
pembakar roti
de Toaster
bahan pencuci
dat Reinmaakmiddel
oven
de Backaven
penyejuk beku
dat Gefreerfack
tong sampah
de Müllemmer
pembasuh pinggan mangkuk
de Opwaschmaschien

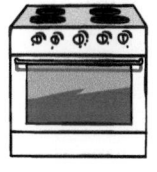

periuk dapur

de Heerd

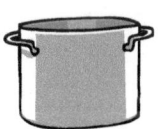

periuk

de Pott

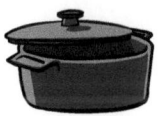

periuk besi

de Gussiesern Putt

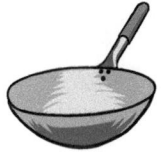

kuali

de Wok / Kadai

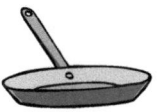

pan

de Pann

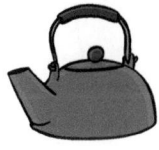

cerek

de Waterkaker

pengukus

de Dampkaakputt

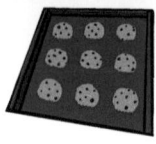

dulang pembakar

dat Backblick

pinggan mangkuk

dat Geschirr

koleh

de Beker

mangkuk

de Schaal

penyepit

de Eetsticken

senduk

de Suppenkell

spatula

de Pannenwenner

pengadun

de Sneebessen

penapis

dat Kaakseef

ayak

dat Seef

pemarut

de Riev

mortar

de Mörser

barbeku

de Grill

pembakaran terbuka

de Füerstell

dapur - de Köök

papan pencincang

dat Sniedbrett

pin golekan

dat Nudelholt

skru gabus

de Proppentrecker

tin

de Doos

pembuka tin

de Dosenaapner

pemegang periuk

de Pottlappen

sinki

dat Waschbecken

berus

de Böst

span

de Swamm

pengisar

de Mixer

penyejuk beku

dat Iesschapp

botol bayi

de Nuckelbuddel

paip

de Waterhahn

bilik air

de Baadstuuv

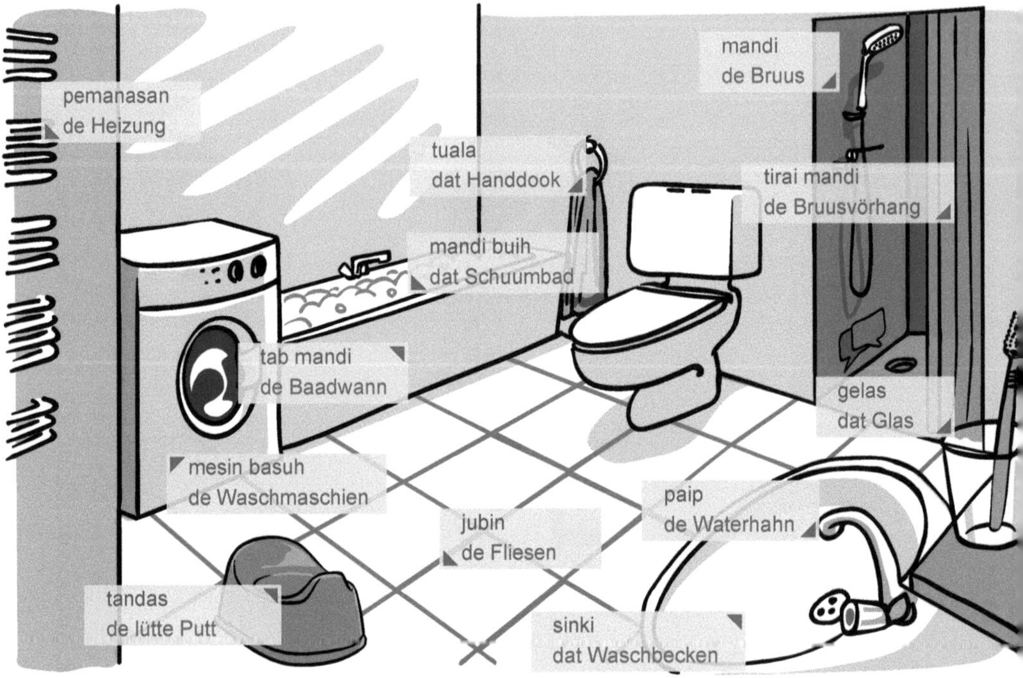

mandi
de Bruus
pemanasan
de Heizung
tuala
dat Handdook
tirai mandi
de Bruusvörhang
mandi buih
dat Schuumbad
tab mandi
de Baadwann
gelas
dat Glas
mesin basuh
de Waschmaschien
paip
de Waterhahn
jubin
de Fliesen
tandas
de lütte Putt
sinki
dat Waschbecken

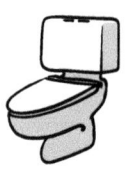

tandas

de Tante Meier

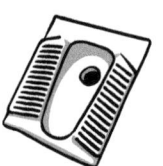

tandas mencangkung

de Hockklo

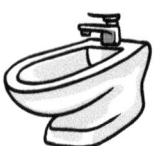

mangkuk tandas

dat Bidet

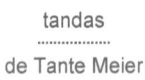

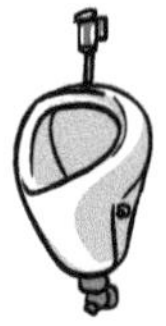

tandas awam

dat Miegbecken

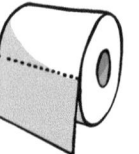

kertas tandas

dat Klopapeer

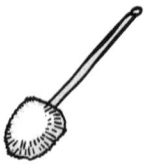

berus tandas

de Kloböst

berus gigi

de Tähnböst

ubat gigi

de Tähnpast

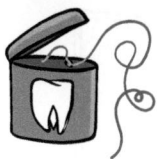

flos gigi

de Tähnsied

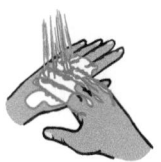

cuci

waschen

mandian tangan

de Handbruus

pancuran

de Intimbruus

besen

de Waschschöttel

belakang berus

de Rüchböst

sabun

de Seep

gel mandian

dat Bruusgeel

syampu

dat Hoorwaschmiddel

flanel

de Waschlappen

longkang

de Afloop

krim

de Creme

deodoran

dat Deodorant

cermin

de Spegel

cermin tangan

de Kosmetikspegel

pisau cukur

de Raserer

busa cukur

de Raseerschuum

selepas cukur

dat Raseerwater

sikat

de Kamm

berus

de Büst

pengering rambut

de Iloordröger

semburan rambut

dat Hoorspray

mekap

de Smink

gincu

de Lippensticken

varnis kuku

de Nagellack

bulu kapas

de Watt

gunting kuku

de Nagelscheer

pewangi

dat Rüükwater

beg basuhan

de Kulturbüdel

bangku

de Schemel

skala berat

de Waag

jubah mandi

de Baadmantel

sarung tangan getah

de Gummihanschen

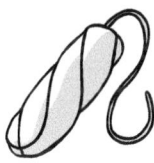

kapas

de Tampon

tuala wanita

de Damenbinn

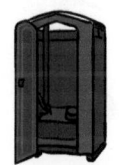

tandas kimia

dat Chemieklo

bilik kanak-kanak
de Kinnerstuuv

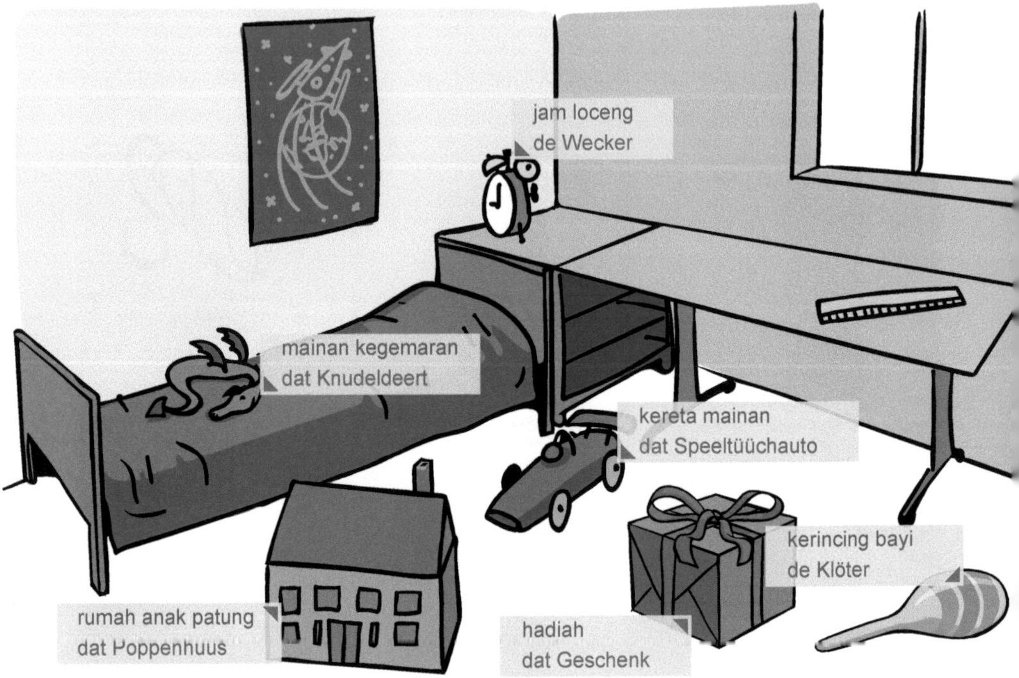

jam loceng
de Wecker
mainan kegemaran
dat Knudeldeert
kereta mainan
dat Speeltüüchauto
kerincing bayi
de Klöter
rumah anak patung
dat Poppenhuus
hadiah
dat Geschenk

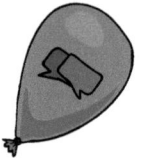

belon
de Luftballon

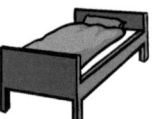

katil
de Puuch

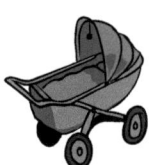

kereta sorong bayi
de Kinnerwagen

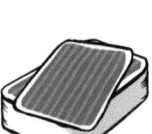

set kad
dat Koortenspeel

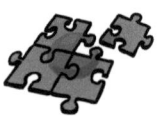

susun suai gambar
dat Puzzle

SUPER MEGA

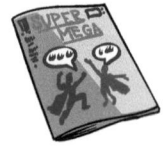

komik
de Billergeschicht

batu bata lego

de Legostenen

blok mainan

de Bustenen

figura aksi

de Action-Figur

baju bayi

de Strampelantog

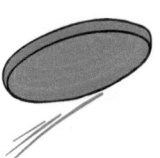

frisbee

de Frisbeeschiev

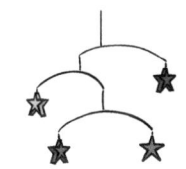

mainan bayi mudah alih

dat Mobile

permainan papan

dat Brettspeel

dadu

de Wörpel

set model kereta api

de Modelliesenbahn

palsu

de Snuller

parti

de Party

buku bergambar

dat Billerbook

bola

de Ball

anak patung

de Popp

main

spelen

lubang pasir

de Sandkassen

buai

de Schuckel

mainan

dat Speeltüüch

konsol permainan video

de Speelkonsool

basikal roda tiga

dat Dreerad

anak patung beruang

de Teddyboor

almari pakaian

dat Klederschapp

pakaian

dat Tüüch

stoking

de Socken

stoking

de Strümp

ketat

de Strumpbüx

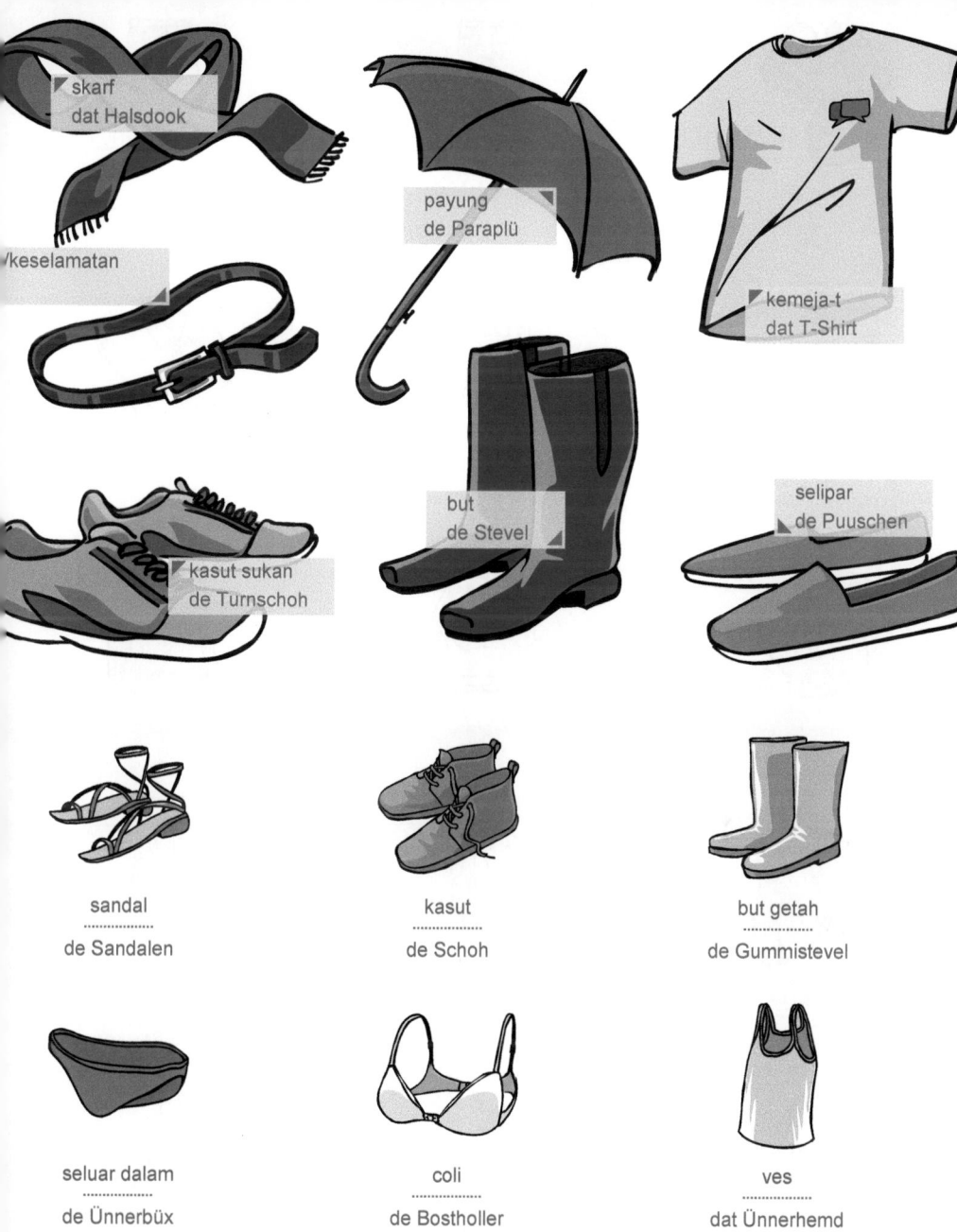

skarf
dat Halsdook

payung
de Paraplü

kemeja-t
dat T-Shirt

keselamatan

but
de Stevel

selipar
de Puuschen

kasut sukan
de Turnschoh

sandal
de Sandalen

kasut
de Schoh

but getah
de Gummistevel

seluar dalam
de Ünnerbüx

coli
de Bostholler

ves
dat Ünnerhemd

pakaian - dat Tüüch

badan
de Lief

Seluar panjang
de Büx

jean
de Jeansnüx

skirt
de Rock

blaus
de Bluus

kemeja
dat Hemd

baju panas sarung
de Pullover

sweater
de Kapuzenpullover

blazer
de Blazer

jaket
de Jack

kot
de Mantel

baju hujan
de Övertrecker

kostum
dat Kostüm

pakaian
dat Kleed

baju pengantin
dat Hochtietskleed

sut
de Antog

baju tidur
dat Nachtkleed

baju tidur
de Slaapantog

sari
de Sari

skarf kepala
dat Koppdook

serban
de Turban

burqa
de Burka

kaftan
de Kaftan

abaya/jubah
de Abaya

baju renang
de Baadantog

seluar renang
de Baadbüx

seluar pendek
de Korte Büx

sut balapan
de Antog to'n Öven

apron
de Schört

sarung tangan
de Handschoh

butang

de Knopp

cermin mata

de Brill

gelang tangan

dat Armband

rantai leher

de Halskeed

cincin

de Ring

subang

de Ohrbummel

topi

de Mütz

penyangkut kot

do Klodorbögol

topi

de Hoot

tali leher

de Binner

zip

de Rietslüter

topi keledar

de Helm

pendakap

dat Drachtband

uniform sekolah

de Schooluniform

seragam

de Uniform

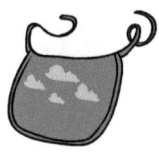

lapik dada

de Severböten

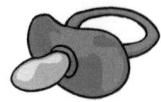

palsu

de Snuller

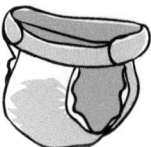

lampin

de Winnel

pejabat
dat Büro

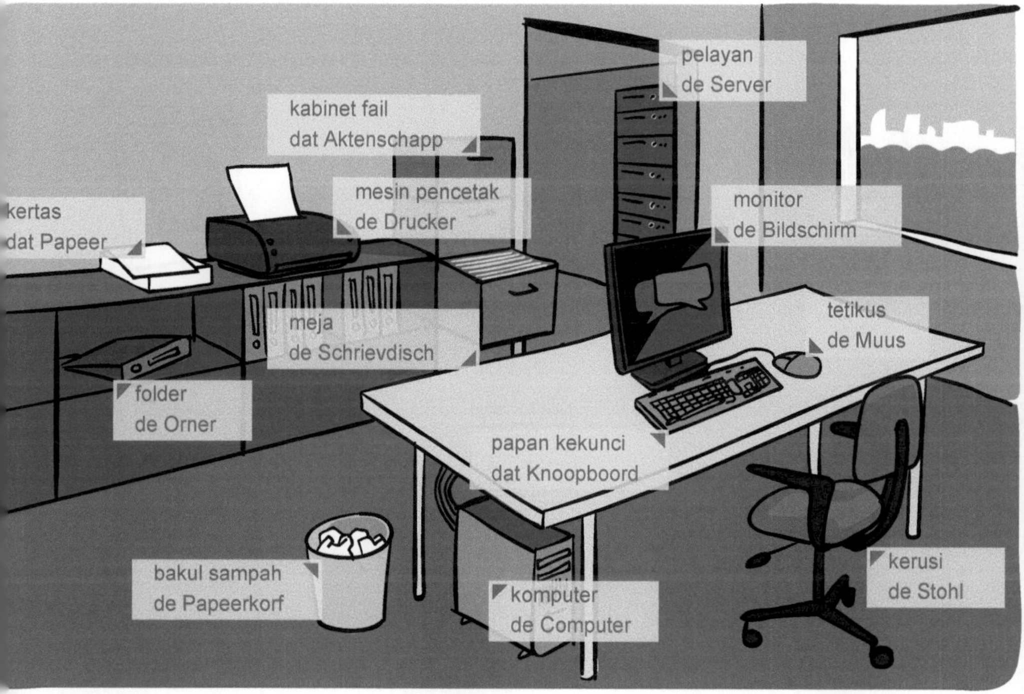

pelayan
de Server
kabinet fail
dat Aktenschapp
mesin pencetak
de Drucker
kertas
dat Papeer
monitor
de Bildschirm
tetikus
de Muus
meja
de Schrievdisch
folder
de Orner
papan kekunci
dat Knoopboord
bakul sampah
de Papeerkorf
komputer
de Computer
kerusi
de Stohl

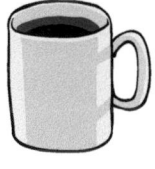

cawan kopi

de Koffiebeker

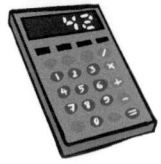

kalkulator

de Taschenreekner

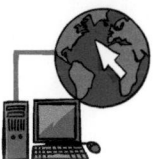

internet

dat Internet

komputer riba
de Klappreekner

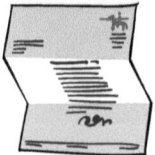

surat
de Breef

mesej
de Naricht

mudah alih
de Ackersnacker

rangkaian
dat Nettwark

mesin fotokopi
de Kopeerapparat

perisian
de Software

telefon
de Klöönkassen

soket plag
de Steekdoos

mesin faks
de Faxapparat

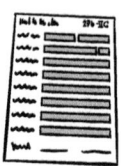

bentuk
dat Formulor

dokumen
dat Dokument

beli
....
köpen

bayar
....
betahlen

berdagang
....
hanneln

wang
....
dat Geld

dolar
....
de Dollar

euro
....
de Euro

yen
....
de Yen

rubel
....
de Ruvel

franc swiss
....
de Swiezer Franken

renminbi yuan
....
de Renminbi Yuan

rupee
....
de Rupie

mata tunai
....
de Geldautomat

pejabat tukaran mata wang

de Wesselstuuv

emas

dat Gold

perak

dat Sülver

minyak

dat Ööl

tenaga

de Energie

harga

de Pries

kontrak

de Verdrag

cukai

de Stüer

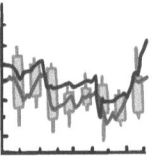

stok

de Andeelschien

kerja

arbeiden

pekerja

de Anstellte

majikan

de Arbeitgever

kilang

de Fabrik

kedai

de Hökerie

pekerjaan
de Profeschonen

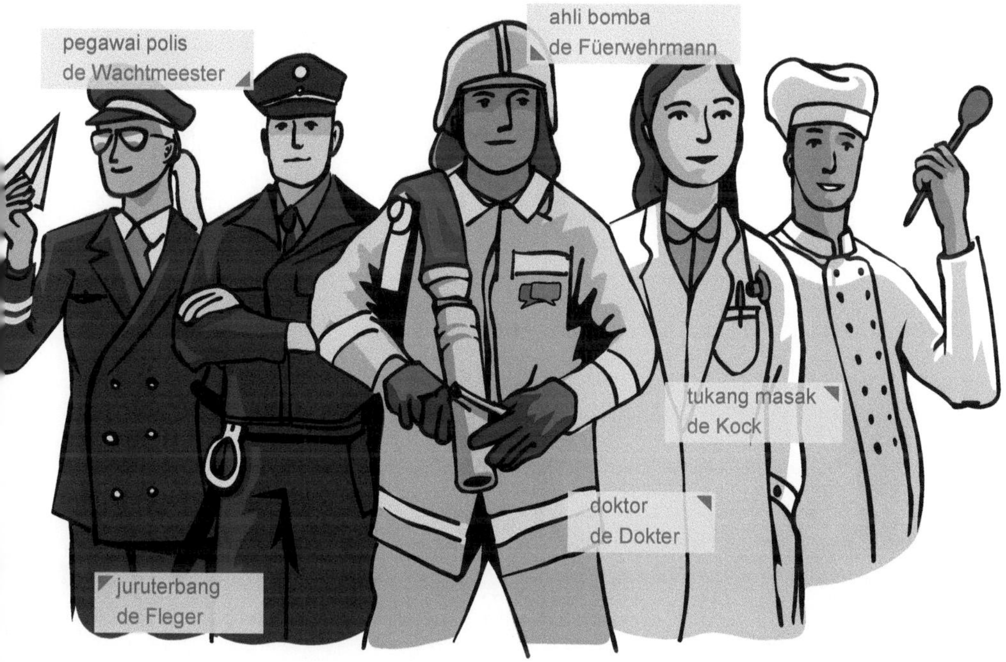

pegawai polis
de Wachtmeester
ahli bomba
de Füerwehrmann
tukang masak
de Kock
doktor
de Dokter
juruterbang
de Fleger

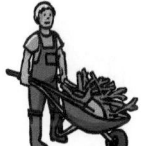

tukang kebun

de Goorner

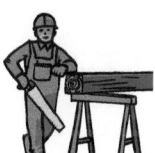

tukang kayu

de Discher

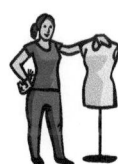

tukang jahit

de Neihersche

hakim

de Richter

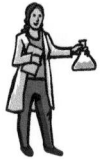

ahli kimia

de Chemiker

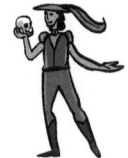

pelakon

de Schauspeler

pemandu bas

de Busfohrer

pemandu teksi

de Taxifohrer

nelayan

de Fischer

wanita pencuci

de Reinmaakfru

kasau

de Dackdecker

pelayan

de Kellner

pemburu

de Jäger

pelukis

do Malor

bakeri

de Bäcker

juruelektrik

de Elektriker

pembangun

de Buarbeider

jurutera

de Ingenieur

penjual daging

de Slachter

tukang paip

de Klempner

posmen

de Postbüdel

54   pekerjaan - de Profeschonen

askar
de Suldat

arkitek
de Architekt

juruwang
de Kasserer

kedai bunga
de Florist

pendandan rambut
de Putzbüdel

konduktor
de Schaffner

mekanik
de Mechaniker

kapten
de Kaptein

doktor gigi
de Tähndokter

ahli sains
de Wetenschopler

tuhanku
de Rabbi

imam
de Imam

sami
de Mönk

paderi
de Paap

alat

dat Warktüüch

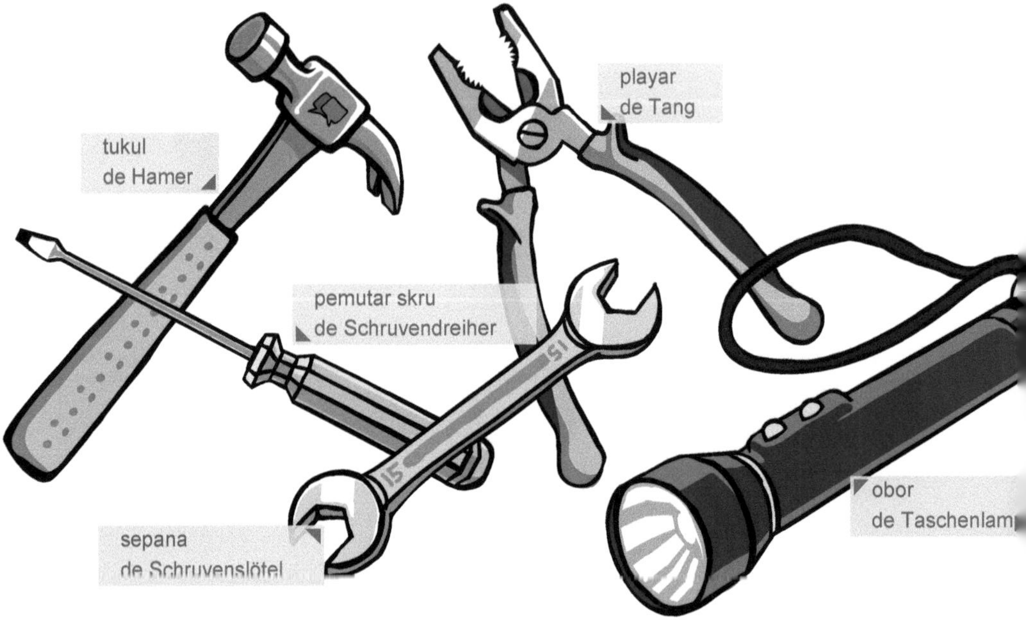

tukul
de Hamer
playar
de Tang
pemutar skru
de Schruvendreiher
sepana
de Schruvenslötel
obor
de Taschenlam

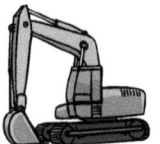

pengorek

de Grieper

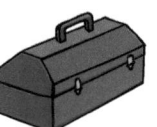

kotak peralatan

de Warktüüchkassen

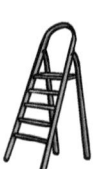

tangga

de Ledder

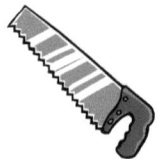

gergaji

de Saag

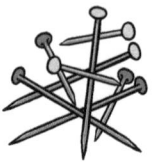

kuku

de Nagels

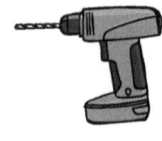

gerudi

de Bohrer

baiki

heelmaken

penyodok

de Schüffel

Celaka!

Schiet!

penadah sampah

dat Kehrblick

periuk cat

de Farvpott

skru

de Schruven

alat muzik
de Musikinstrumenten

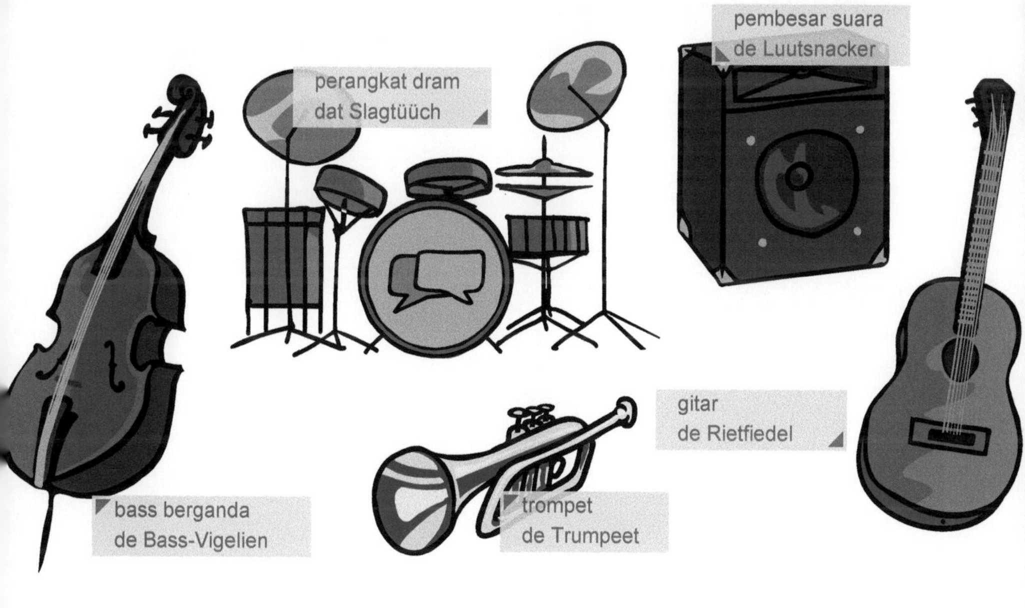

perangkat dram
dat Slagtüüch

pembesar suara
de Luutsnacker

gitar
de Rietfiedel

bass berganda
de Bass-Vigelien

trompet
de Trumpeet

piano

dat Klaveer

biola

de Vigelien

bass

de Bass

timpani

de Pauk

dram

de Trummeln

papan kekunci

dat Keyboard

saksofon

dat Saxophon

seruling

de Flout

mikrofon

dat Mikrofoon

ZOO

de Deertenpark

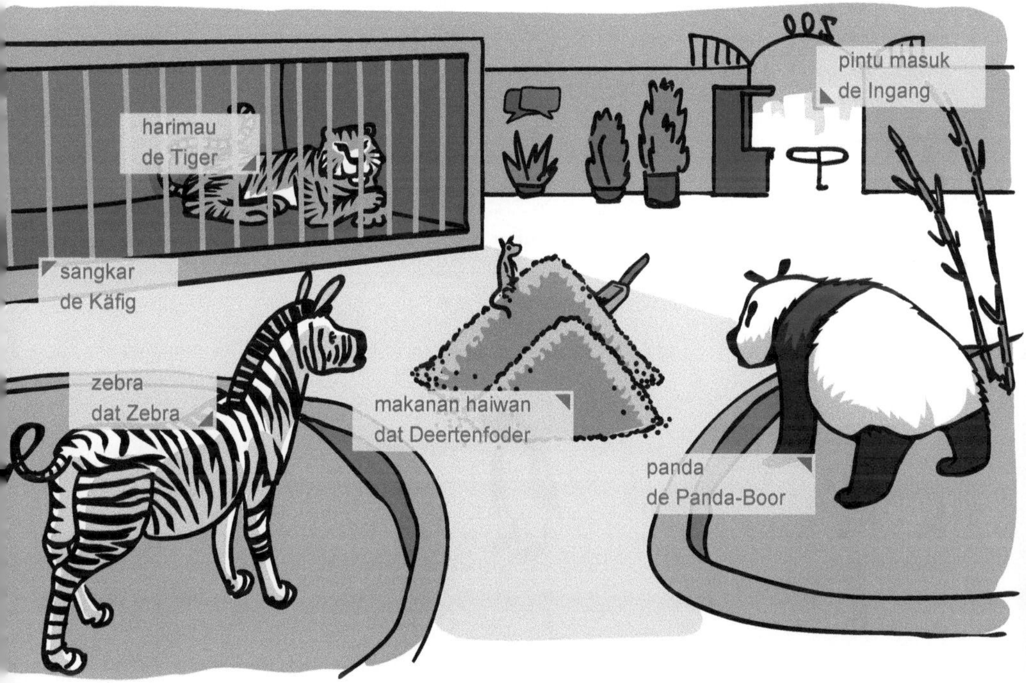
pintu masuk
de Ingang
harimau
de Tiger
sangkar
de Käfig
zebra
dat Zebra
makanan haiwan
dat Deertenfoder
panda
de Panda-Boor

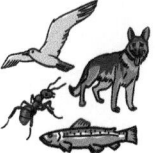

haiwan

de Deerten

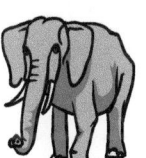

gajah

de Elefant

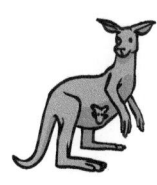

kanggaru

dat Känguru

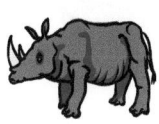

badak sumbu

dat Neeshoorn

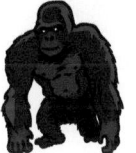

gorila

de Gorilla

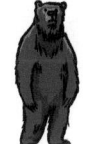

beruang

de Boor

unta

dat Kameel

burung unta

de Struuß

singa

de Lööv

monyet

de Aap

flamingo

de Flamingo

nuri

de Papagoi

beruang kutub

do looboor

penguin

de Pinguin

yu

de Haifisch

merak

de Pageluun

ular

de Slang

buaya

dat Krokodil

penjaga zoo

de Oppasser in'n
Deertenpark

anjing laut

de Saalhund

jaguar

de Jaguor

kuda

dat Pony

harimau

de Leopard

badak air

dat Nilpeerd

zirafah

de Giraff

helang

de Aadler

babi jantan

dat Wildswien

ikan

de Fisch

penyu

de Schildkrööt

anjing laut

dat Walross

musang

de Voss

rusa

de Gazell

bola sepak Amerika
de Amerikaansch Football

berbasikal
dat Radfohren

tenis
dat Tennis

bola keranjang
de Korfball

renang
dat Swümmen

tinju
dat Boxen

hoki ais
dat Ieshockey

bola sepak
de Football

badminton
dat Fedderball

olahraga
de Leichtathletik

bola baling
de Handball

ski
dat Skilopen

polo
dat Polo

aktiviti

de Aktivitäten

ketawa
lachen
lompat
springen
peluk
ümarmen
berjalan
gahn
menyanyi
singen
mimpi
drömen
berdoa
beden
cium
snuteln

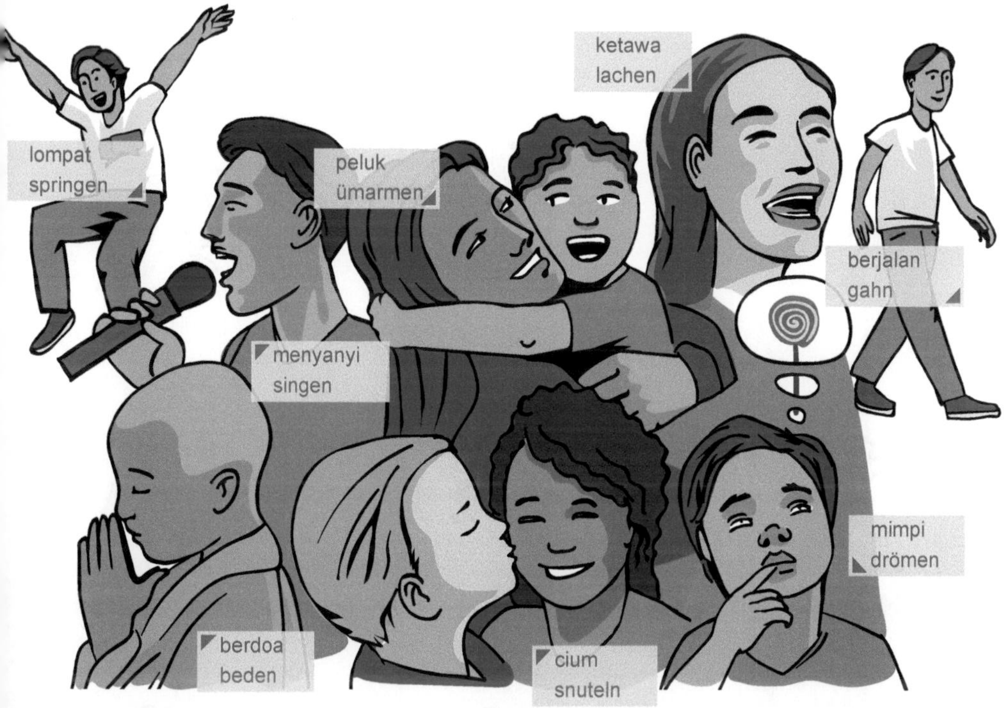

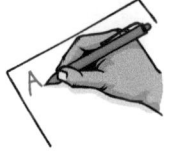

tulis

schrieven

lukis

teken

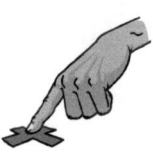

tunjuk

wiesen

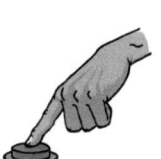

tolak

drücken

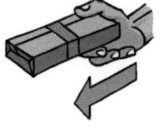

beri

geven

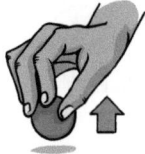

ambil

nehmen

ada

hebben

buat

doon

ialah

sien

berdiri

stahn

lari

lopen

tarik

trecken

buang

smieten

jatuh

fallen

tipu

liggen

tunggu

töven

bawa

dregen

duduk

sitten

pakai

antrecken

tidur

slapen

bangkit

opwaken

lihat pada

ankieken

menangis

wenen

strok

eien

sikat

kämmen

cakap

snacken

faham

verstahn

tanya

fragen

dengar

hören

minum

drinken

makan

eten

mengemas

oprümen

sayang

leefhebben

masak

kaken

pandu

fohren

terbang

flegen

belayar

segeln

kira

reken

baca

lesen

belajar

lehren

kerja

arbeiden

nikah

de Plünnen tohoopsmieten

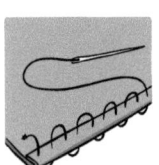

jahit

noihon

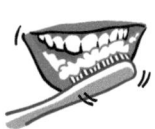

memberus gigi

Tähnen putzen

bunuh

dootmaken

asap

smöken

hantar

schicken

enek
e Grootmoder

datuk
de Grootvadder

bapa
de Vadder

ibu
de Moder

yi
t Winnelkind

anak perempuan
de Dochter

anak lelaki
de Söhn

tetamu

de Gast

mak cik

de Tant

pak cik

de Unkel

abang

de Broder

kakak

de Süster

badan

de Lief

dahi
de Vörkopp
mata
dat Oog
bahu
de Schuller
jari
de Finger
muka
dat Gesicht
dagu
dat Kinn
tangan
de Hand
kaki
dat Been
dada
de Bost
lengan
de Arm

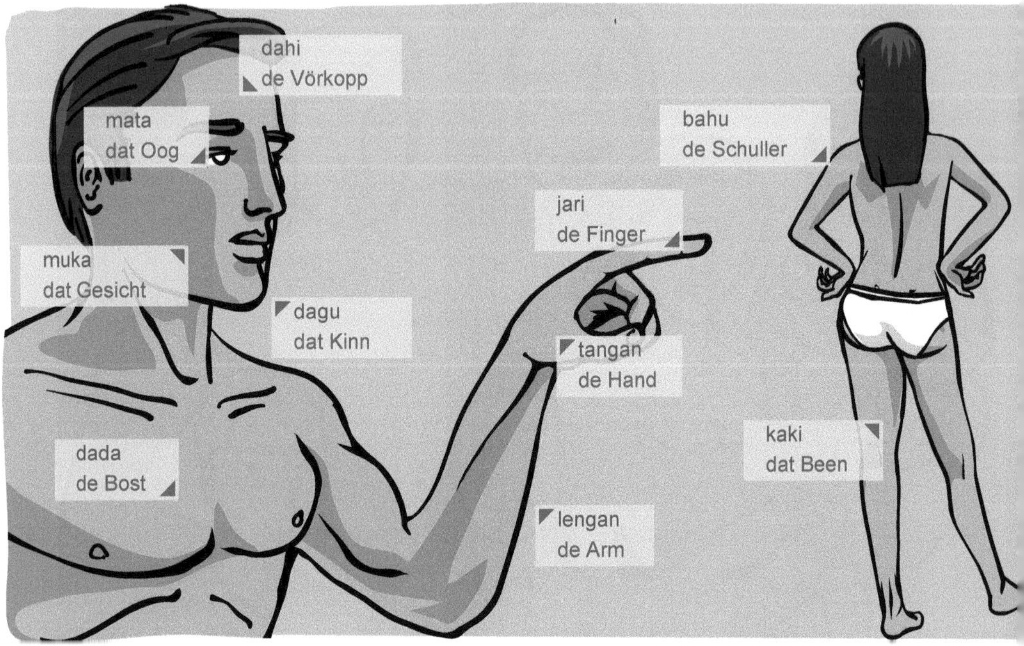

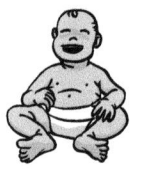

bayi
dat Winnelkind

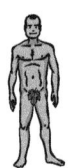

lelaki
de Mann

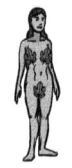

wanita
de Fro

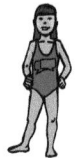

perempuan
de Deern

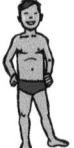

lelaki
de Jung

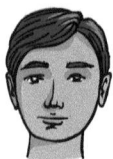

kepala
de Arm

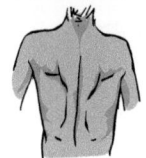

belakang

de Rüch

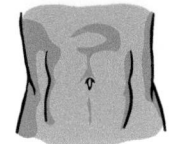

bawah perut

de Buuk

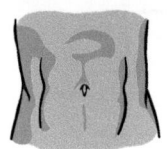

pusat

de Navel

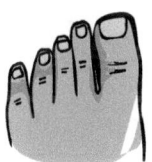

jari kaki

de Teh

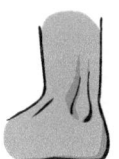

tumit

de Hack

tulang

de Knaken

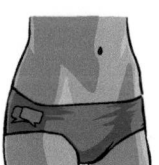

pinggul

de Hüft

lutut

dat Knee

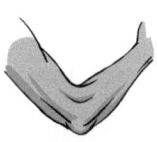

siku

de Ellbagen

hidung

de Nees

bawah

de Achtersen

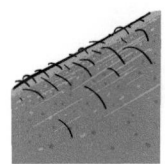

kulit

de Huut

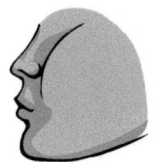

pipi

de Back

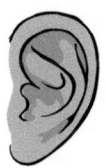

telinga

dat Ohr

bibir

de Lipp

badan - de Lief

mulut

de Mund

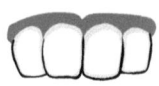

gigi

de Tähn

lidah

de Tung

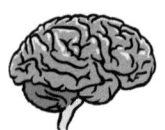

otak

de Bregen

hati

dat Hart

otot

de Muskel

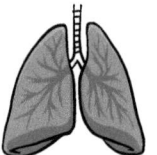

paru-paru

de Lung

hati

de Lever

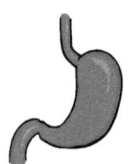

perut

de Maag

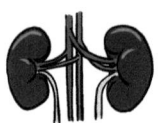

buah pinggang

de Neren

seks

de Bislaap

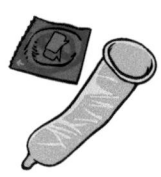

kondom

dat Kondoom

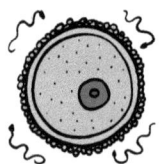

faraj

de Eizell

mani

dat Sperma

mengandung

de Anner Ümstänn

badan - de Lief

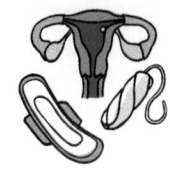

haid

de Menstruatschoon

faraj

de Scheed

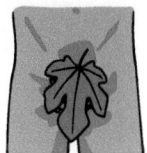

penis

de Pint

kening

de Ogenbroe

rambut

dat Hoor

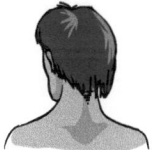

leher

de Hals

hospital
dat Krankenhuus

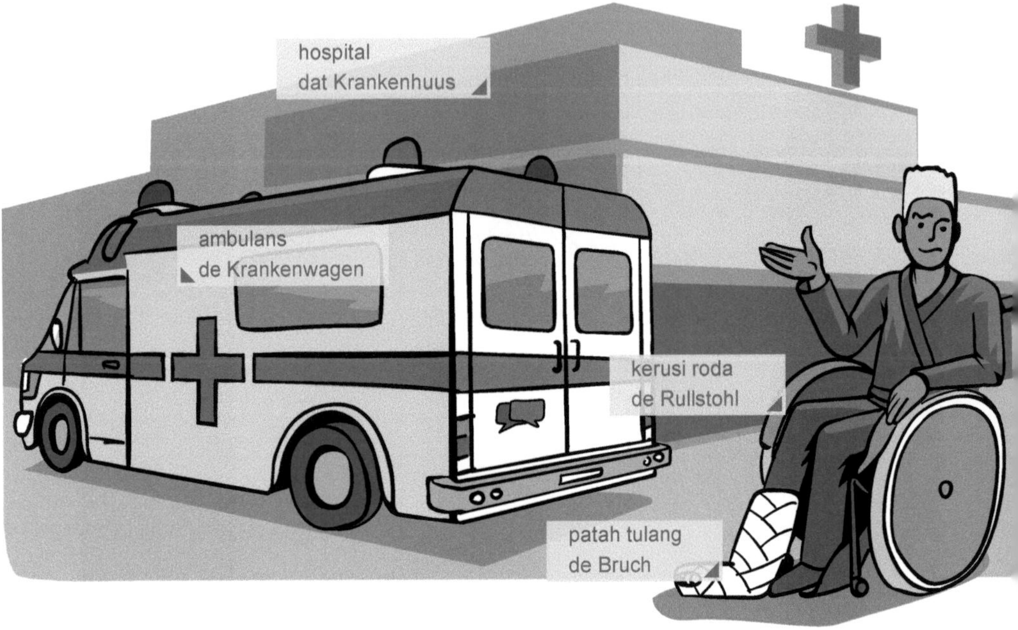

hospital
dat Krankenhuus
ambulans
de Krankenwagen
kerusi roda
de Rullstohl
patah tulang
de Bruch

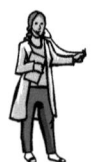

doktor

de Dokter

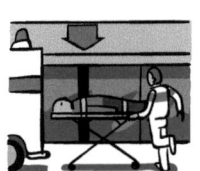

bilik kecemasan

de Nootopnahm

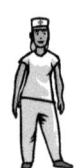

jururawat

de Krankensüster

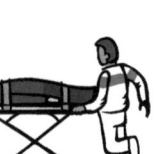

kecemasan

de Nootfall

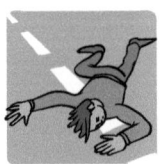

tak sedar

ahnmächtig

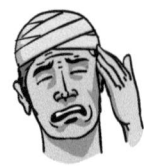

sakit

de Wehdaag

kecederaan

de Verwunnen

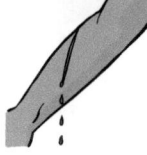

pendarahan

de Blöden

serangan jantung

de Hartinfarkt

strok

de Slaganfall

alergi

de Allergie

batuk

de Hoosten

demam

dat Fever

selesema

de Gripp

cirit-birit

de Dörchfall

sakit kepala

de Koppwehdaag

kanser

de Kreeft

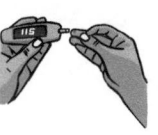

diabetes

de Zuckersüük

pakar bedah

de Chirurg

pisau bedah

dat Chirurgsch Mess

pembedahan

de Operatschoon

CT

dat CT

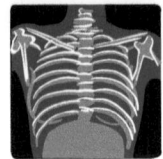

x-ray

de Dörchlüchten

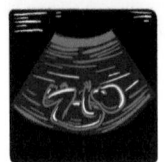

ultrabunyi

de Ultraschall

topeng muka

de Mask

penyakit

de Krankheit

bilik menunggu

de Töövruum

penongkat

de Krück

plaster

dat Plaaster

pembalut

de Verband

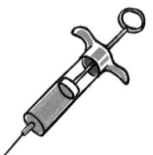

suntikan

de Insprütten

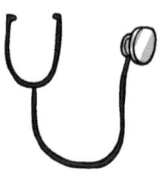

stetoskop

dat Stethoskop

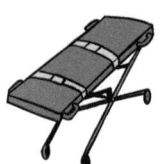

pengusung

de Draag

termometer klinik

dat Feverthermometer

kelahiran

de Geboort

berat badan berlebihan

dat Övergewicht

alat pendengaran

de Höörapparat

disinfektan

dat Kiemfriemiddel

jangkitan

de Ansteken

virus

de Virus

HIV / AIDS

dat HIV / AIDS

perubatan

dat Heelmiddel

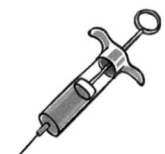

vaksinasi

de Impen

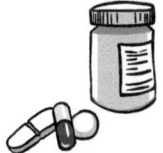

tablet

de Tabletten

pil

de Pill

panggilan kecemasan

de Nootroop

pantau tekanan darah

de Blootdruck-Meter

sakit / sihat

krank / gesund

Tolong!

Hölp!

penggera

de Alarm

serang

de Överfall

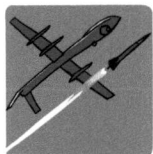

serangan

de Angreep

bahaya

de Gefohr

pintu kecemasan

de Nootutgang

Api!

dat Füer!

alat pemadam api

de Füerlöscher

kemalangan

de Unfall

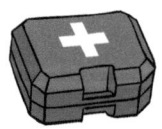

alat pertolongan cemas

de Noothölpkoffer

SOS

SOS

polis

de Polizei

Eropah

Europa

Amerika Utara

Noordamerika

Amerika Selatan

Süüdamerika

Afrika

Afrika

Asia

Asien

Australia

Australien

Atlantic

de Atlantik

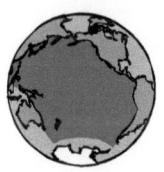

Pasifik

de Pazifik

Lautan Hindi

dat Indisch Weltmeer

Lautan Antartik

dat Antarktisch Weltmeer

Lautan Artik

dat Arktisch Weltmeer

Kutub utara

de Noordpol

Kutub Selatan

de Süüdpol

Antartika

de Antarktis

bumi

de Eerd

tanah

dat Land

laut

de See

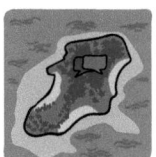

pulau

dat Eiland

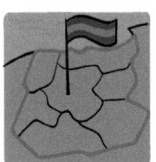

negara

de Natschoon

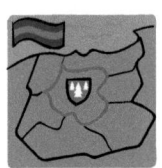

negeri

de Staat

muka jam

dat Tallenblatt

tangan jam

de Stunnenwieser

tangan minit

de Minutenwieser

terpakai

de Sekunnenwieser

Jam berapa sekarang

Wo laat is dat?

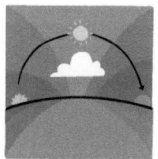

hari

de Dag

masa

de Tiet

sekarang

nu

jam digital

de digetaalsch Klock

minit

de Minuut

jam

de Stunn

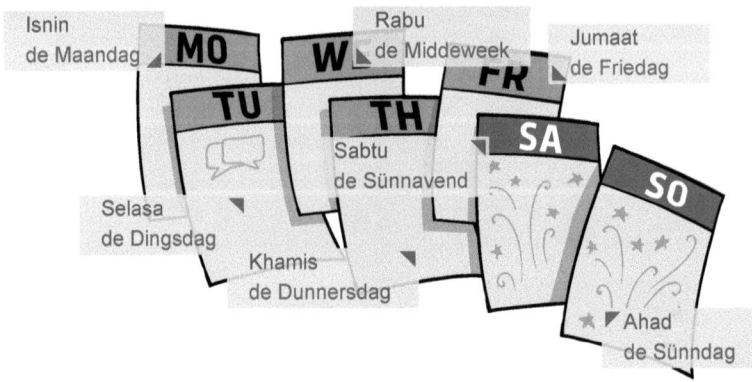

Isnin
de Maandag

Rabu
de Middeweek

Jumaat
de Friedag

Sabtu
de Sünnavend

Selasa
de Dingsdag

Khamis
de Dunnersdag

Ahad
de Sünndag

semalam

güstern

hari ini

hüüt

esok

morgen

pagi

de Morgen

tengah hari

de Meddag

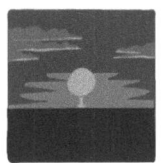

petang

de Avend

MO	TU	WE	TH	FR	SA	SU
1	2	3	4	5	6	7
8	9	10	11	12	13	14
15	16	17	18	19	20	21
22	23	24	25	26	27	28
29	30	31	1	2	3	4

hari kerja

de Arbeitsdaag

MO	TU	WE	TH	FR	SA	SU
1	2	3	4	5	6	7
8	9	10	11	12	13	14
15	16	17	18	19	20	21
22	23	24	25	26	27	28
29	30	31	1	2	3	4

hari minggu

dat Wekenenn

tahun
dat Johr

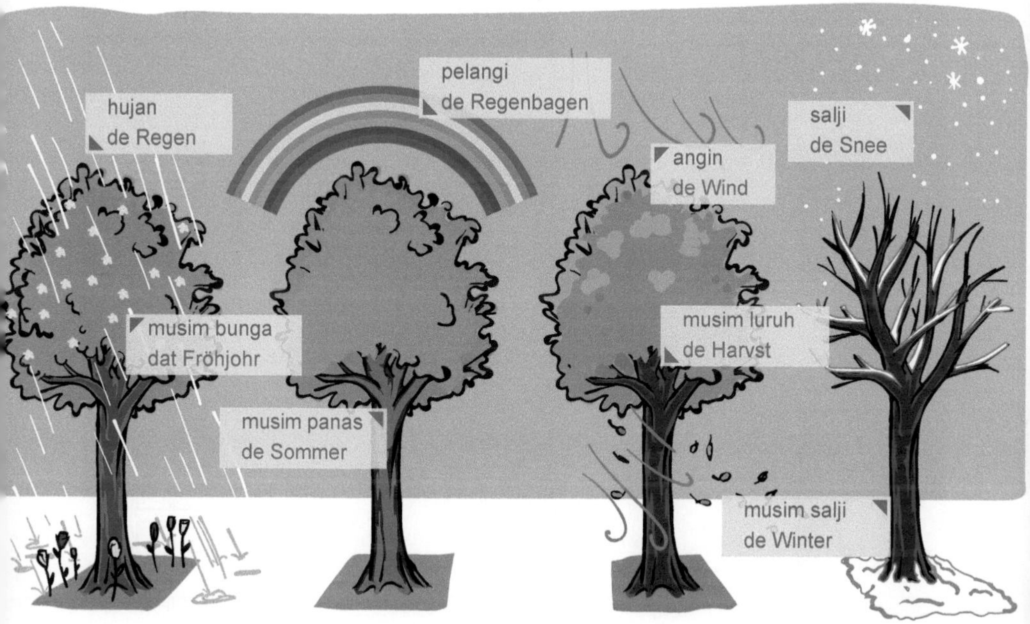

hujan
de Regen
pelangi
de Regenbagen
angin
de Wind
salji
de Snee
musim bunga
dat Fröhjohr
musim panas
de Sommer
musim luruh
de Harvst
musim salji
de Winter

4.APRIL 11°
5.APRIL 4°
6.APRIL 13°
7.APRIL 8°
8.APRIL 10°

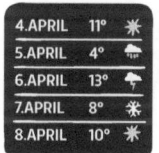

ramalan cuaca

de Wedervörhersaag

F
C
120
90
60
30
0
-30
40
30
20
10
0
-10
-20

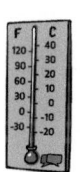

termometer

dat Thermometer

sinar matahari

de Sünnenschien

awan

de Wulk

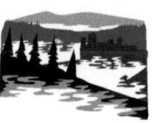

kabus

de Nevel

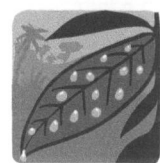

lembapan

de Luftfuchtigkeit

kilat

de Blitz

petir

de Dunner

ribut

de Storm

hujan batu

de Hagel

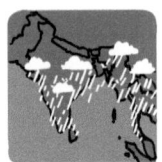

monsun

de Monsun

banjir

de Floot

ais

dat Ioo

Januari

de Januormaand

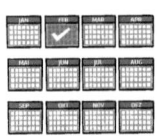

Februari

de Februormaand

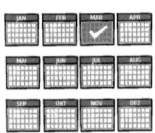

Mac

de Martmaand

April

de Aprilmaand

Mei

de Maimaand

Jun

de Junimaand

Julai

de Julimaand

Ogos

de Augustmaand

September
de Septembermaand

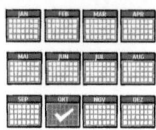

Oktober
de Oktobermaand

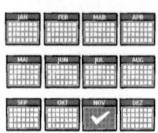

November
de Novembermaand

Disember
de Dezembermaand

bentuk
de Formen

bulatan
de Krink

petak
dat Quadrat

segi empat tepat
dat Rechteck

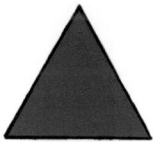

segitiga
dat Dreeeck

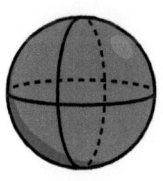

sfera
de Kugel

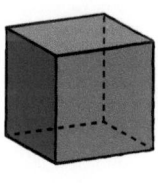

kiub
de Wörpel

putih
....
witt

kuning
....
geel

oren
....
orangsch

merah jambu
....
pink

merah
....
root

ungu
....
lila

biru
....
blau

hijau
....
gröön

coklat
....
bruun

kelabu
....
gries

hitam
....
swart

banyak / sedikit

veel / wenig

marah / tenang

böös / verdreeglich

cantik / hodoh

smuck / mies

bermula / tamat

de Begünn / dat Enn

besar kecil

groot / lütt

terang / gelap

hell / düüster

abang / kakak

de Broder / de Süster

bersih / kotor

schier / schietig

lengkap / tidak lengkap

kumpleet / nich kumpleet

hari / malam

de Dag / de Nacht

mati / hidup

doot / lebennig

luas / sempit

breet / small

boleh dimakan / tidak boleh dimakan

geneetbor / nich geneetbor

jahat / baik

böös / fründlich

teruja / bosan

fickerig / langwielt

gemuk / kurus

dick / dünn

pertama / terakhir

toeerst / toletzt

kawan / musuh

de Fründ / de Fiend

penuh / kosong

vull / loddig

keras / lembut

hart / week

berat / ringan

swoor / licht

lapar / dahaga

de Smacht / de Döst

sakit / sihat

krank / gesund

menyalahi undang-undang / undang-undang

nich na't Recht / na't Recht

pintar / bodoh

klook / dummerhaftig

kiri / kanan

linkerhand / rechterhand

dekat / jauh

neeg / feern

baru / lama
nieg / bruukt

tiada / sesuatu
nix / wat

tua / muda
oolt / jung

hidup / mati
an / ut

terbuka / tertutup
apen / slaten

diam / bising
lies / luut

kaya / miskin
riek / arm

betul / salah
richtig / verkehrt

kasar / halus
ruug / glatt

sedih / gembira
trurig / glücklich

pendek / panjang
kort / lang

lambat / laju
suutje / flink

basah / kering
natt / dröög

panas / sejuk
warm / köhl

berperang / berdamai
de Krieg / de Freden

0	**1**	**2**
sifar	satu	dua
null	een	twee

3	**4**	**5**
tiga	empat	lima
dree	veer	fief

6	**7**	**8**
enam	tujuh	lapan
söss	söven	acht

9	**10**	**11**
sembilan	sepuluh	sebelas
negen	teihn	ölven

12

dua belas

twölf

13

tiga belas

dörteihn

14

empat belas

veerteihn

15

lima belas

föffteihn

16

enam belas

sössteihn

17

tujuh belas

söventeihn

18

lapan belas

achtteihn

19

Sembilan belas

negenteihn

20

dua puluh

twintig

100

ratus

hunnert

1.000

ribu

dusend

1.000.000

juta

million

Bahasa Inggeris

dat Engelsch

Bahasa Inggeris Amerika

dat Amerikaansch Engelsch

Bahasa Cina Mandarin

dat Chineesch Mandarin

Bahasa Hindi

dat Hindi

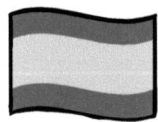

Bahasa Sepanyol

dat Spaansch

Bahasa Perancis

dat Franzöösch

Bahasa Arab

dat Araabsch

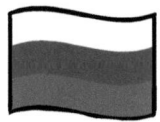

Bahasa Rusia

dat Rusch

Bahasa Portugis

dat Portugiesch

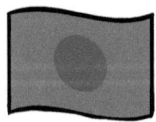

Bahasa Benggali

dat Bengaalsch

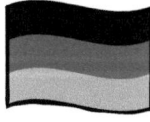

Bahasa Jerman

dat Düütsch

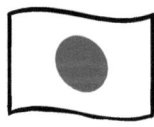

Bahasa Jepun

dat Japaansch

saya

ik

anda

du

dia / dia / ia

he / se / dat

kita

wi

anda

ji

mereka

se

siapa?

keen?

apa?

wat?

bagaimana?

woans?

di mana?

woneem?

bila?

wannehr?

nama

de Naam

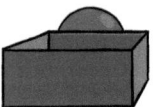

belakang

achter

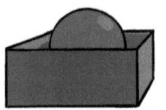

dalam

in

di hadapan

vör

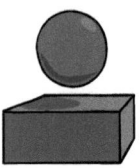

lebih

över

pada

op

di bawah

ünner

bersebelahan

blangen

antara

twüschen

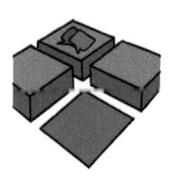

tempat

de Oort